Heinrich Preschers

Kurze Anweisung wie Malereien, Zeichnungen und Kupferstiche zu kopieren sind

Auf eine leichte Art

Heinrich Preschers

Kurze Anweisung wie Malereien, Zeichnungen und Kupferstiche zu kopieren sind
Auf eine leichte Art

ISBN/EAN: 9783743678217

Hergestellt in Europa, USA, Kanada, Australien, Japan

Cover: Foto ©Lupo / pixelio.de

Weitere Bücher finden Sie auf **www.hansebooks.com**

Kurze Anweisung

wie

Malereien, Zeichnungen und Kupferstiche

auf

eine leichte Art

zu kopiren sind.

Nebst

einem Unterricht von den Farbenmischungen

und

den nothwendigsten Begriffen

der Wappenkunst

für Zeichner und Künstler.

Mit Kupfern.

Nürnberg,

im Verlag der Raspischen Buchhandlung

1793.

Vorbericht.

Personen verschiedenen Standes, Geschlechts und Alters finden oft eine anständige Beschäftigung und Zeitvertreib im Zeichnen, Copiren und Illuminiren, und haben doch nicht Gelegenheit, darin einen eigenen Unterricht zu erhalten. Auch Gelehrte, Diplomatiker, Heraldiker, Bauverständige, Mechaniker ꝛc. wollen öfters etwas kopiren, ohne daß sie ausführliche Anweisung zum Zeichnen hatten. Diesen wird die gegenwärtige kurze Anleitung willkommen seyn, welche nicht für den Künstler von Profession bestimmt ist, und auch keinen eigentlichen Künstler bilden soll. Sie gründet sich auf eine mehrjährige

Erfahrung und viele Versuche, und möchte dadurch einigen Beyfall verdienen.

Die Farbenmischungen werden besonders für Illuministen dienlich seyn, und dem blossen Liebhaber dazu dienen können, eine vorkommende Farbe richtig zu beschreiben.

Der kurze heraldische Unterricht kann auch eigentlichen Künstlern, welche Wappen zeichnen, stechen oder mahlen sollen, und gewöhnlich davon gar keine Begriffe haben, einigen Nuzen gewähren, und ihnen ihre Arbeiten erleichtern oder richtiger verfertigen lehren. Die ganze Heraldik sollte und wollte ich hier nicht erschöpfen. Ich habe deswegen auf die besten Hülfsmittel verwiesen.

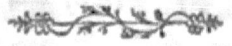

Erster

Erster Artikel.
Das Abziehen einer Malerei, Zeichnung oder eines Kupferstichs betreffend.

Die beste und schönste Art, eine Malerei, Zeichnung oder einen Kupferstich, ohne die Zeichenkunst erlernet zu haben, genau nachzumachen, ist diese: Man bringt die Zeichnung oder Malerei ꝛc. auf ein sehr wohl abgehobeltes Bret, das aber ja nicht schief gelaufen seyn darf, legt ein paar feine Blätter Papier unter das Original, damit im Zeichnen an dem Original nichts verderbt werden kann; dann legt man ein etwas größeres Blatt, als das Original, öhlgetränktes Papier

pier darauf, aber auch dieses muß glatt und sehr akkurat auf dem Original aufliegen, daß es keine Falten habe. Ist alles ordentlich gelegt, so nimmt man ein Schraubholz, wie Tab. I. Fig. a. &c. zeiget, bringt es oben über das Bret, so daß alles aufgelegte Papier, wie auch das Original und die Unterlage, unter das Schraubholz kommt, man sehe sich aber wohl vor, daß nichts an der Lage verrücket wird. Alsdann schraube man es an beyden Seiten vest an, daß unter währender Arbeit nichts weichen kann. Ist man mit dem Schraubholz fertig, so muß man das öhlgetränkte Blatt, welches über das Original abhängt, entweder auf der falschen Seite des Zeichenbrets anzukleben suchen, oder solches mit einigen Stiftchen, welche aber kurz und mit Plätchen versehen sind, anheften.

Nachdem dieses geschehen, nimmt man einen feinen und wohlgespizten Bleistift, und zeichnet damit den Umriß der auf dem Original vorkommenden Sachen, aber ganz sanft, um das Original zu schonen. Hat man den Umriß fertig,

tig, dann kann man auch andere innerliche Theile umreisen, als z. E. Falten in Kleidungsstücken, Gesichtszüge, Muskeln und dergleichen. Wann nun dieses geschehen, und alles richtig gezeichnet ist, so nimmt man das Papier herunter, legt das Original vor sich, und umfährt die ganze gemachte Durchzeichnung mit einem feinen Pinsel mit Tusche, legt aber ein weises Blatt darunter, daß sich alles wohl präsentirt. Ist nichts mehr übrig, und alles überzogen, so beschmiere man ein weißes Blatt auf einer Seite mit Rothstein oder schwarzer Kreide, welche beede fein geschabt oder gerieben sind, lege dieses Blatt auf das Papier oder Pergament, worauf man die Zeichnung bringen will (man muß es aber auch, wie vorhin, gut befestigen,) lege sodann auf die weise Seite des beschmierten Blatts seine Zeichnung auf Oehlpapier, und umfahre die ganze Zeichnung mit einer feinen Radlernadel. Man habe aber wohl Acht, daß nichts vergessen wird, weil man sonst es nochmals machen muß. Ist man auch damit fertig, so wird alles abgenommen, und das schöne Blatt oder Pergament auch mit Tusche oder bunten Farben, nach dem das Original Farben hat, umrissen, und nach diesem zur Ausarbeitung der Copie geschritten, man mag es schwarz oder bunt tuschen wollen. Ich werde dieses Tuschen weiter unten auf eine sehr leichte Art erklären; vorher aber will ich zeigen, wie man öhlgetränktes Papier zuzubereiten hat.

Zweiter Artikel.
Oehlgetränktes Papier zu machen.

Man nimmt feines Papier, so fein, als man es bekommen kann, und glättet die eine Seite des Bogens oder Blatts, daß es so glatt wie Glas wird. Dann nimmt man einen reinen weißen Lumpen, befeuchtet denselben mit einem hellen reinen Oehl, überfährt damit den Bogen, taucht immer den Lumpen wieder ins Oehl, und beschmiert damit so fort das Papier, bis alles gut in einander gerieben ist, daß es an einem Ort wie an dem andern helle aussiehet, und ganz durchsichtig ist. Dieses muß aber alles auf der ungeglätteten Seite des Papiers geschehen, und auf die glatte Seite darf kein Oehl kommen. Ist nun alles wohl gemacht, so nimmt man rohe Kleyhe und reibt das

Blatt damit ab, bis nichts fettes mehr geahndet wird. Zu mehrerer **Sicherheit** kann man sodann Fließpapier darüber legen, und dieses mit einem heißen Bögeleisen überfahren.

Bey dem **Durchriß** muß man wohl Acht haben, daß die geglättete Seite auf das Original zu liegen kommt, weil dorthin kein Oehl gekommen, und auch auf der geöhlten besser **als** auf der glatten Seite zu zeichnen **ist**.

Dritter Artikel.

Eine Zeichnung genau, in gleicher Größe mit dem Original, nachzuzeichnen; auch dieselbe nach Belieben zu vergrößern oder zu verkleinern.

Eine sehr üble Gewohnheit ist es, wenn man eine Zeichnung gerne nachmachen mögte, es aber nicht erlernet, und dieserwegen seine Zuflucht zum Fenster nimmt. Es ist leicht an dem Original etwas verderbt und macht auch nachläßig, daß man nie etwas erlernt. Ist es auf stark Papier oder wohl gar Pergament gezeichnet, so ists auch nicht scheinbar genug. Zum Vergrößern oder Verkleinern weiß ich da auch keine Hülfe. Deswegen will ich hier eine angenehmere Art vorschlagen, durch welche man eine Zeichnung in Originalgröße nachmachen, dieselbe aber auch vergrößern und verkleinern kann.

Die-

Dieses Verfahren gewährt auch den Nutzen, daß man durch solche Uebungen das Zeichnen endlich so weit erlernt, daß man, vermöge eines guten Augenmaaßes, welches man hiedurch bekommt, in Stand gesezt wird, ohne alle Beyhülfe eigenhändig etwas zu zeichnen, auch im nöthigen Falle zu vergrößern oder zu verkleinern.

Man nehme die nach dem Original verfertigte Zeichnung, theile das ganze Blatt in lauter richtig und sehr akkurat ausgemessene Quadrate. Sind diese verfertiget, und es kommt in ein Quadrat ein Theil der Zeichnung zu stehen, der nirgends ansteht, so theile man dieses Quadrat wieder in zwei, drei, vier oder mehrere kleinere Theile ein, so muß die Zeichnung endlich anstehen. Siehe Tab. I. fig. f. g. h.

Will man nun die Zeichnung in gleicher Größe nachzeichnen, so nimmt man ein eben so großes Blatt Papier, und eben so große Quadrate,

drate, wie das Original; theilt auch diese Quadrate wieder in zwei, drei, vier und mehrere Theile, wie im Original. Ist dies alles gethan, so wird es nicht schwer werden, auch die Zeichnung so, wie sie im Original stehet, in meine Quadrate zu bringen.

Will ich meine Copie vergrößern, um die Hälfte, oder noch einmal so groß ꝛc. so mache ich auch meine Quadrate um die Hälfte noch einmal so groß, oder größer ꝛc. so erhalte ich das nemliche, wie in gleicher Originalgröße. Will ich es verkleinern, drei bis viermal so klein, so mache ich meine Quadrate drei bis viermal so klein, so ists wieder wie im ersten verkleinert. Siehe Tab. I. fig. h. Doch ist die Verkleinerung leichter, als die zwo ersten Arten.

Vierter Artikel.

Etwas auf eine leichte Art sowohl mit bunten Farben, als auch schwarz zu tuschen.

Das malerische Tuschen ist freylich nicht gleich geschehen, weil solches viele Pünktlichkeit erfordert, und solches Tuschen eine Arbeit eines Malers, Kupferstechers und eigentlichen Künstlers ist. Mit dieser Arbeit wäre also nicht fortzukommen, weil einer, der nicht zeichnen kann, dergleichen nicht verfertigen könnte. Ich will demnach diese Kunst auf eine so leichte als mögliche Art vortragen, daß der Liebhaber seine Zeichnung doch auch tuschen kann.

Man stelle neben sich zur rechten Hand eine Scherbe mit Wasser, lege auch einige Sorten guter

ter Pinsel dahin; zur linken stelle man eine Muschel Tusch, oder im Fall man bunt tuschen will, die gehörigen Farben, auch einige leere Muscheln, lege die Copie vor sich, und das Original neben sich zur linken, oder auch vor sich, oben über die Copie. Das Original sey nun eine Landschaft, Historie und dergleichen, kurz, es sey was es will, so nimmt man beinahe bloses Wasser, nur sehr wenig mit Tusch oder bunter Farbe, und fängt die hintersten perspektivischen Theile an damit zu tuschen, und so fort immer näher, auch nach Befinden immer mit mehrerer Farbe. Ist es ein großer Fleck, daß man übermahlen muß, z. E. Luft und dergl. so fahre man nicht zu oft darüber, denn sonst wird es fleckicht. Hat man alles flau (leicht) getuscht, so fängt man an, an den schattigten Theilen mit stärkerer vermischter Farbe zu arbeiten, doch also, daß es dem Original nahe kommt. Man muß auch den stärker angesezten Schatten in die erste flaue Anlage verlaufen lassen, welches mit einem feuchten Pinsel leichtlich gesche-

geschehen kann, wenn man damit zwischen den stärkern Schatten und die Anlage fährt, ehe der Ansaz des starken Schattens getrocknet ist. Auf eben diese Art macht man es mit den bunten Farben, ausser daß man da mit einer jeden, dem Original nach, vorkommenden Farbe seine Schattirung machen muß. Man kann auch, ehe man mit bunten Farben arbeitet, das ganze Stück austuschen, und dann erst, wann es gut getuscht ist, mit den lebendigen Farben darüber (aber ganz dünn) malen, so bekommt es den Schatten von der ersten Arbeit, dem Tuschen. Man darf alsdann nur blos an einigen Orten mit einer Farbe (nachdem es die Sache erfordert) den allerstärksten Schatten hinmalen, und dieses ist heutiges Tages die angenehmste, sanfteste und beste Art einer Illumination oder getuschten Zeichnung.

Hauptsächlich aber ist zu bemerken, daß man alles ganz dünne, und ja nichts gedecktes macht, weil sonst ein Liebhaber, der sich noch nicht überall helfen

helfen kann, leicht mitten unter der Arbeit inne halten müßte, und vielleicht alle Mühe vergebens gehabt hätte.

Was die dazu gehörigen Farben anbelangt, auch die verschieden vorkommenden Mischungen, welche aus vielerlei Farben gemischt werden, werde ich unten beschreiben, und selbst mit Farben gemahlt hinten anzeigen.

Fünfter Artikel.

Von der Eintheilung und Ausmessung der menschlichen Länge, zum Behuf derer, welche keinen Kunstunterricht gehabt haben.

I. Bestehet die Länge eines wohl proportionirten und ausgewachsenen Mannes in acht Köpfen, und zwar in dieser Eintheilung; als: vom Kopf an der Stirne, wo das Haar zu wachsen anfängt, bis zu dem Kien, von da bis an die Brustwarze, von da bis an den Nabel, von da bis an das männliche Glied, von da bis an den halben Schenkel, von da bis ans Knie, von da bis ans halbe Schienbein, und von da bis an die Fußsohle.

II. Soll ein Gesicht drey gleiche Längen halten, als: vom Haaranwuchs auf der Stirne an

bis

bis zwischen die Augbraunen, von da bis zum Ende der Nasen, und von da bis ans Kien.

III. Eine ausgestreckte Hand soll von dem Ort an, wo sich die Hand am Arm biegt, bis zum Ende des Mittelfingers, eine Angesichtslänge seyn. So auch soll eine proportionirte Hand vier Daumen breit seyn, wie auch von dem Bug der Hand an bis zu dem Ellenbogen sechs Hände sich befinden sollen; die Weite an dem Knöchel der Hand herum, soll die Hälfte der Weite um die Waden seyn: die Weite der Waden aber auch die Weite um dem Hals.

IV. Die Breite der Schulter soll von der rechten zur linken Achsel zwey Häupter halten, und von einer Hüfte zur andern zwey Angesichtslängen; das Weib ist an den Hüften um eine Nase breiter als der Mann, dagegen soll die Schulter des Mannes um eine Nase breiter, als bey dem Weibe seyn.

V. Von des Fuſſes hinterſter Ferſe bis zu der zweyten Zehe iſt der ſechſte Theil eines Menſchen, und nach dieſer Eintheilung ſoll hauptſächlich eine Figur gezeichnet oder bearbeitet werden; denn es laſſen die Figuren in beſchriebener Größe, bey und in jedem hiſtoriſchen Gemälde oder Landſchaft, beſſer als die kleinern, es müßte denn ſeyn, daß man eine Figur, die im Leben kleiner iſt oder war, nach ihrer bekannten Größe natürlich vorſtellen wollte, welches eine Ausnahme iſt. Ueberhaupt gehört dieſe Regel meiſtentheils zur Beurtheilung alter antiquen Statuen und Gemälde, die in einer ordentlichen Stellung zu ſehen ſind; denn wo verkürzte Stellungen vorkommen, muß man anders urtheilen, und ſich nach dieſen Regeln ſelbſt neue Regeln machen.

Sechster Artikel.

Namen der Farben, welche sowohl zum Tuschen als auch Illuminiren nöthig sind, auch die verschiedensten Mischungen aus zwey, drey, vier, fünf und mehr Farben bestehend, so wie selbige in den Tabellen gemahlt zu sehen sind.

Tab. II. Nr. 1. Kremserweis.
          2. Mineralblau.
          3. Indigo.
          4. Umbra.
          5. Hellocker.
          6. Dunkelocker.
          7. gebrannt Hellocker.
          8. gebrannt Dunkelocker.
          9. gebrannt Umbra.
         10. Rauschgelb.
         11. Königsgelb.
         12. Gummigutta.

Tab.II. Nr.13. Zinnober.
14. englische Erde.
15. Kesselbraun.
16. Drachenblat.
17. Carmin.
18. Bergblau.
19. Liliengrün.
20. Saftbraun.
21. Saftgrün.
22. Cochenille.
23. Beergelb.
24. Tusche oder Schwarz.
25. Kremserweiß und Zinnober.
26. weniger weiß und weniger Zinnober.
27. mehr Zinnober und weniger weiß.
28. Kremserweiß und Carmin.
29. mehr weiß und weniger Carmin.
30. mehr Carmin und weniger weiß.
31. Kremserweiß und Bergblau.

Tab.

Tab. II. Nr. 32. mehr weiß und weniger Bergblau.
33. Kremserweiß und Mineralblau.
34. mehr weiß und weniger blau.
35. Kremserweiß und Hellocker.
36. mehr Hellocker und weniger weiß.
37. Kremserweiß und Dunkelocker.
38. mehr Dunkelocker und weniger weiß.
39. Kremserweis und Indigo.
40. mehr weiß und weniger Indigo.
41. Kremserweiß u. gebrannt Hellocker.
42. mehr gebrannt Hellocker und weniger weiß.
43. Kremserweiß und gebrannt Dunkelocker.
44. mehr gebrannt Dunkelocker und weniger weiß.
45. Kremserweiß und Umbra.
46. mehr Umbra und weniger weiß.
47. Kremserweis u. gebrannte Umbra.
48. mehr gebrannte Umbra und weniger weiß.

Tab. III. Nr. 49. Kremserweiß und Rauschgelb.
50. — — und Königsgelb.
51. — — und Gummigutta.
52. — — und englische Erde.
53. — — und Kesselbraun.
54. — — und Drachenblut.
55. — — und Saftgrün.
56. mehr Saftgrün und weniger weiß.
57. Kremserweiß und Saftbraun.
58. — — und Liliengrün.
59. — — und Cochenille.
60. — — und Tusch.
61. Hellocker und grün.
62. — — und Umbra.
63. — — und gebrannte Umbra.
64. — — und Mineralblau.
65. — — und Kesselbraun.
66. — — und Saftbraun.
67. — — und Indigo.
68. — — und Zinnober.

Tab.

Tab. III. Nr. 69. Hellocker und **englische Erde.**
       70. — — und Bergblau.
       71. — — und Liliengrün.
       72. — — und Cochenille.
       73. — — und Carmin.
       74. — — und Rauschgelb.
       75. — — und Tusch.
       76. Dunkelocker und Saftgrün.
       77. — — und Umbra.
       78. — — u. gebrannt. Hellocker.
       79. — — und Mineralblau.
       80. — — und Indigo.
       81. — — und Zinnober.
       82. — — und englische Erde.
       83. — — und Bergblau.
       84. — — und Cochenille.
       85. — — und Rauschgelb.
       86. — — und Königsgelb.
       87. — — und Saftbraun.
       88. — — und Liliengrün.
       89. Umbra und Mineralblau.

         B 5   Tab.

Tab. III. Nr. 90. Umbra und Rauschgelb.
          91. — und Bergblau.
          92. — und Cochenille.
          93. — und Zinnober.
          94. — und Liliengrün.
          95. — und Drachenblut.
          96. — und Saftgrün.
Tab. IV. Nr. 97. Umbra und Indigo.
          98. — und Königsgelb.
          99. — und Saftgrün.
         100. Rauschgelb und Mineralblau.
         101. — — und Gummigutta.
         102. — — und Indigo.
         103. — — und Zinnober.
         104. — — und Bergblau.
         105. — — und Drachenblut.
         106. — — und Saftbraun.
         107. — — und Cochenille.
         108. — — und Saftgrün.
         109. — — und Beergelb.
         110. gebr. Umbra und Mineralblau.

Tab.IV.Nr.111. gebr. Umbra und Königsgelb.
    112. — — und Indigo.
    113. — — und Zinnober.
    114. — — und Tusch.
    115. — — und Cochenille.
    116. — — und Gummigutta.
    117. Mineralblau und Königsgelb.
    118. — — und Cochenille.
    119. — — und Liliengrün.
    120. — — und Zinnober.
    121. — — und Gummigutta.
    122. — — und Saftbraun.
    123. — — und Saftgrün.
    124. — — und Beergelb.
    125. Indigo und Königsgelb.
    126. — und Cochenille.
    127. — und Saftgrün.
    128. — und Tusch.
    129. — und Saftbraun.
    130. — und Beergelb.
    131. — und Liliengrün.

                                        Tab.

Tab. IV. Nr. 132. Königsgelb und Liliengrün.
   133. — — und Zinnober.
   134. — — und Bergblau.
   135. — — und Cochenille.
   136. — — und Beergelb.
   137. Gummigutta und Liliengrün.
   138. — — und Zinnober.
   139. — — und Saftgrün.
   140. — — und Cochenille.
   141. Zinnober und Beergelb.
   142. — — und Cochenille.
   143. — — und Saftgrün.
   144. — — und Saftbraun.
Tab. V. Nr. 145. Rauschgelb, Zinnober und Gummigutta.
   146. Tusch, Indigo und Königsgelb.
   147. Tusch, Indigo und Saftbraun.
   148. Saftgrün, Indigo und Tusch.
   149. Rauschgelb, Saftgrün und weiß.

Tab.

Tab.V.Nr.150. Liliengrün, Mineralblau und Tusch.

151. Tusch, Gummigutta und Bergblau.

152. Tusch, Hellocker und Indigo.

153. Gummigutta, Mineralblau und wenig Zinnober.

154. Weiß, Tusch und Indigo.

155. Rauschgelb, Tusch und Cochenille.

156. Rauschgelb, weiß und wenig Liliengrün.

157. Indigo, wenig weiß und Beergelb.

158. Liliengrün, weiß und Königsgelb.

159. Königsgelb, Liliengrün und wenig Saftgrün.

160. Königsgelb, Cochenille u. weiß.

161. Saftgrün, wenig weiß und Zinnober.

162. Indigo, weiß und wenig Zinnober.

Tab.

Tab. V. Nr. 163. weiß, Drachenblut und Liliengrün.
164. Bergblau, Saftbraun und
Hellocker.
165. Mineralblau, Liliengrün und
Königsgelb.
166. Mineralblau, weiß und Saftgrün.
167. Bergblau, Zinnober und
Beergelb.
168. gebrannt Hellocker, weiß und
Saftgrün.
169. englische Erde, Rauschgelb und
Saftgrün.
170. Weiß, Liliengrün und Gummigutta.
171. Hellocker, Tusch und Saftgrün.
172. Cochenille, Indigo und Beergelb.
173. Bergblau, weiß und Gummigutta.
174. Dunkelocker, weiß und Cochenille.

Tab.

Tab. V. Nr. 175. Keſſelbraun, Beergelb und Cochenille.

176. Bergblau, weiß und Saftbraun.

177. Liliengrün, Saftgrün und Beergelb.

178. Saftgrün, Tuſch und Königsgelb.

179. Gummigutta, Zinnober und Liliengrün.

180. Mineralblau, Cochenille und Beergelb.

181. Saftgrün, weiß und Bergblau.

182. Zinnober, Indigo und Bergblau.

183. Umbra, Rauſchgelb und weiß.

184. Bergblau, Königsgelb und weiß.

185. Zinnober, Königsgelb und gebrannte Umbra.

186. Königsgelb, Mineralblau und Saftgrün.

Tab.

32

Tab. V. Nr. 187. Gummigutta, Cochenille und Saftgrün.

188. Gummigutta, **Mineralblau** und Tusch.

189. Gummigutta, Liliengrün und Drachenblut.

190. Dunkelocker, Cochenille und Beergelb.

191. gebrannt Dunkelocker, weiß und Gummigutta.

192. englische Erde, Cochenille und Gummigutta.

Tab. VI. Nr. 193. Safran.

194. Cochenille und Safran.

195. Wiener Lack.

196. Safran und Zinnober.

197. distilirter Grünspan.

198. **Florentiner** Lack.

199. gesottner Grünspan.

200. **Mumienbraun.**

201. Hell Satinober.

202. Dunkel Satinober.

Tab.

Tab. VI. Nr. 203. Hellschüttgelb.
204. Dunkelschüttgelb.
205. Berlinerblau.
206. Malachitgrün.
207. Weiß, Bergblau und Safran.
208. Buchgrün.
209. Wienerlack und Mumien.
210. Mineral, oder englisch Grün.
211. Dunkelsatinober und Safran.
212. Saftblau.
213. Florentinerlack und weiß.
214. Saftgrün und Berggrün.
215. distillirter Grünspan und Saftgrün.
216. Florentinerlack und Mineralblau.
217. Violetsaft.
218. Safran und Mumien.
219. Terra bello.
220. Terra bello gebrannt.
221. Hellschüttgelb und Bergblau.

C Tab.

Tab. VI. Nr. 222. Neapolitanisches Gelb.
223. Malachitgrün und Gummigutta.
224. Dunkelschüttgelb und Berlinerblau.
225. Mennig.
226. Königsblau oder Ultramarin.
227. Berggrün.
228. Wienerlack, Berlinerblau und weiß.
229. Wienerlack, Berlinerblau und Königsgelb.
230. Grüne Erde.
231. Mumien, Cochenille und Gummigutta.
232. Berlinerblau, gebrannt.
233. Gummigutta und distillirter Grünspan.
234. Weiß, Dunkelsatinober und Wienerlack.
235. Rauschgelb, Safran und Mineralgrün.

Tab.

Tab.VI.Nr.236. Grüne Erde, Dunkelschüttgelb und wenig distill. Grünspan.

237. Drachenblut, Safran und Saftbraun.

238. Liliengrün, Safran, Grünspan und wenig Saftgrün.

239. Safran und Mennig.

240. Zinnober, Mennig und Gummigutta.

Tab.VII.Nr.241. Florentinerlack, Drachenblut und Safran.

242. Carmin, Königsblau und weiß.

243. Weiß, Tusch und Dunkelschüttgelb.

244. Bergblau, Florentinerlack und weiß.

245. distillirter Grünspan, Bergblau und wenig weiß.

246. Bergblau, Safran und distillirten Grünspan.

C 2   Tab.

Tab. VII. Nr. 247. Saftgrün, Indigo, Safran und wenig Liliengrün.

248. Hellocker, Safran und Englischgrün.

249. Englischgrün, weiß und Gummigutta.

250. Malachitgrün, Saftgrün und wenig Mumienbraun.

251. Safran, Florentinerlack, weiß und wenig Tusch.

252. Englischgrün und Mumien.

253. Rauschgelb, weiß, Zinnober und Gummigutta.

254. Mineralblau, Königsgelb, Saftgrün und weiß.

255. Gummigutta, weiß, Saftgrün und Liliengrün.

256. Indigo, Beergelb, weiß und Bergblau.

257. Zinnober, Cochenille, Gummigutta und Mineralblau.

Tab.

Tab.VII.Nr.258. Dunkelocker, Saftgrün, weiß und Liliengrün.

259. Weiß, Mineralblau, Liliengrün und Tusch.

260. Liliengrün, weiß, Königsgelb und Bergblau.

261. Cochenille, weiß, Saftgrün und Rauschgelb.

262. Rauschglb, Indigo, Tusch und Saftgrün.

263. Weiß, Mineralblau, Zinnober und Beergelb.

264. Liliengrün, Mineralblau, Saftgrün und weiß.

265. Königsgelb, Zinnober, weiß und Beergelb.

266. Umbra, Zinnober, Saftbraun und Saftgrün.

267. Rauschgelb, Indig, weiß und gebrannter Dunkelocker.

Tab. VII. Nr. 268. Gummigutta, Rauschgelb, Cochenille und Liliengrün.

269. Weiß, Liliengrün, Gummigutta und Mineralblau.

270. Englische Erde, Beergelb, weiß und Cochenille.

271. Weiß, Hellocker, Zinnober und Saftgrün.

272. Rauschgelb, Zinnober, weiß, Cochenille und Gummigutta.

273. Cochenille, weiß, Tusch, Saftgrün und Liliengrün.

274. Saftbraun, Beergelb, Mineralblau, weiß und Hellocker.

275. Dunkelocker, Liliengrün, Zinnober, weiß und Gummigutta.

276. Umbra, Zinnober, Tusch, Saftgrün, Mineralblau und Hellocker.

277. Gebrannte Umbra, Saftgrün, weiß, gebrannt Hellocker, Mineralblau und Tusch.

278. Weiß, Mineralblau, Cochenille, Zinnober und Hellocker.

Tab.

279. Indigo, weiß, Liliengrün, Saftgrün und Königsgelb.
280. Rauschgelb, Mineralblau, Cochenille, weiß und Gummigutta.
281. Weiß, gebrannt Hellocker, Drachenblut und **Saftgrün**.
282. Liliengrün, weiß, Zinnober und Hellocker.
283. Tusch, gebrannt **Dunkelocker**, Hellocker, englische Erde und Cochenille.
284. Königsgelb, **Saftgrün**, Zinnober, weiß und Bergblau.
285. Cochenille, weiß, Zinnober, Liliengrün und Königsgelb.
286. gebrannt Umbra, Liliengrün, **weiß und Königsgelb.**
287. Tusch, weiß, Zinnober, Mineralblau und Gummigutta.
288. Kesselbraun, Cochenille Saftbraun und Saftgrün.

C 4   Sie-

Siebenter Artikel.
Einige Begriffe aus der Wappenkunst.

In diesem Abschnitt will ich noch das nöthigste von der Heraldik oder Wappenkunst, von der Verschiedenheit der Wappenschilder, ihren Theilungen, den Heroldsfiguren, den Tincturen, Helmen, Kronen ꝛc. bemerken, so weit es für Zeichner und Künstler nöthig ist.

Es ist aber die Heraldik oder Heroldskunst diejenige Wissenschaft, welche die Rechte und Regeln der Wappen lehrt. Ihre Namen hat sie von den Herolden, welche ehehin hauptsächlich sich mit dieser Wissenschaft beschäftigen mußten.

Diese Herolde waren vornehme Bediente an kaiserlichen, königlichen und fürstlichen Höfen, und standen in großem Ansehen. Ihre Verrichtungen

tungen bestunden darinn: Sie wurden bey Ankündigung eines Krieges, bey Schließung eines Friedens und anderer Bündnisse, auch zu Gesandschaften in Friedenszeiten gebraucht; bey Turnieren und Ritterspielen machten sie die Turnierordnungen unter Trompeten- und Pauckenschall bekannt, untersuchten die Wappen der Ritter aufs genaueste, welches die Wappenschau genannt wurde, sie hatten das Urtheil zu sprechen, wann wegen der Wappen- oder Ahnenprobe ein Streit entstund, und mußten nach vollendetem Turnier bey Ertheilung der Zeugnisse seyn, weswegen sie auch Wappenrichter genennt wurden. Sie mußten eine vollkommene Einsicht und Kenntnis von allen adelichen und turniermäßigen Geschlechtern und deren Wappen haben; auch ein Wappen ganz verstehen, aussprechen, regelmäßig beurtheilen, anweisen und aufzeichnen können. Sie hatten auch Lehrlinge, welche man die Persevanten nennte; diese erlernten von den Herolden die Wappenkunst, giengen ihnen in ihren Verrichtungen

an die Hand, und mit der Zeit wurden sie auch
Herolde.

Die Heraldik heißt auch die Blasonirkunst,
weil sie eine Wissenschaft der Bläsen, das ist, der
Figuren und Farben der Wappen ist.

Das Wort Wappen kommt her von den Waf=
fen, weil die Wappenbilder ursprünglich allerlei
Waffen und andere zum Krieg gehörige Dinge
vorstellten.

Die Wappen selbst aber sind simbolische Zei=
chen der Würden, Aemter, der Gnade, des Schu=
tzes, Geschlechts, einer Gesellschaft, des Besitzes
der Länder, Güter, welche auf einem Schilde
vorgestellt werden.

Die Wappen bestehen aus zwey Hauptstücken:
Schild und Helme. Diese wurden dadurch we=
sentliche Stücke der Wappen, weil die Wappen
kriegerischen Ursprungs sind, und Schild und Helm
die wichtigsten Stücke der alten Waffenrüstungen
waren und den Körper bedeckten. Unter beiden ist
der Schild wieder das wichtigste.

Wenn

Wenn ein Schild in der richtigen Proportion heut zu Tage gezeichnet werden soll, so muß er der Regel nach das Verhältniß haben, daß er etwas höher als breit ist, die Höhe muß sich zur Breite verhalten wie sieben zu sechs.

Es giebt mancherley äussere Schildesformen; dreyeckichte, herzförmige, zirkelrunde, ovalrunde (italiänische), viereckigte, rautenförmige, ausgeschnittene ꝛc. die gewöhnlichste ist heut zu Tage die französische Schildesform, wie die auf der Tab. VIII. abgebildeten sind, nämlich ein unten zugerundetes Viereck, welches sich in der Mitte mit einer Spitze endigt.

In Ansehung der Stellung sind die Schilde gewöhnlich aufrecht stehend; es giebt aber auch gegen die rechte oder linke Seite gelehnte und gestürzte; letztere werden vornämlich bey ausgestorbenen Familien gebraucht.

Der Anstrich des Schildes und Helms heißt seine Tinctur. Die Zeichen, womit dieselbe in

Kupfer-

Kupferstichen, Siegeln ꝛc. angezeigt werden, heißen Schraffirungen. Diese sind auf der achten Tabelle zu sehen.

fig. a. Ein mit Punkten bezeichneter Schild, Gold oder gelb.
 b. Ein ganz leerer Schild, Silber oder weiß.
  Diese beyden Tincturen heißen Metalle.
 c. Ein Schild mit Perpendicularlinien, Roth, ponceauroth.
 d. Ein Schild mit Querlinien, Blau, himmelblau.
 e. Mit Perpendicular - und Querlinien gegittert, Schwarz.
 f. Mit schrägrechten Linien, Grün.
 g. Mit schräglinken Linien, Purpurfarb.
 h. Mit schräggevierteten Linien, Eisenfarb.
 i. Die natürliche Tinctur bezeichnen einige also.
 k. Das gemeine Pelzwerk ist eine Art der natürlichen Farbe.
 l. Der Hermelin ebenfalls.

Ein Schild, der auf Art eines Laubwerks bemahlt ist, nennt man damascirt. Dieß ist

ist aber keine Tinctur, sondern ein willkühr-
licher Einfall der Künstler, wird auch im
Blasoniren gar nicht angezeigt, und ist
dieserwegen ausgelassen worden.

Nun folgen die vornehmsten Schildestheilungen:
- m. Ein in die Länge getheilter Schild.
- n. Ein quergetheilter Schild.
- o. Ein schrägrechtsgetheilter Schild.
- p. Ein schräglinksgetheilter Schild.
- q. Ein gevierteter, quadrirter Schild.
- r. Ein schräggevierteter Schild.
- s. Ein geständerter Schild.

Heroldsfiguren.

- t. Ein blauer Pfal im silbernen Feld.
- u. Ein rother Querbalken im goldenen Feld.
- v. Ein goldner rechter Schrägbalken im blauen Feld.
- w. Ein silberner linker Schrägbalken im rothen Feld.
- x. Ein rother Sparren im silbernen Feld.
- z. Ein rothes Schildlein im silbernen Feld.

Unter den gemeinen Figuren haben der Löwe, Leopard, Adler und Greif in der Heraldik ihre eigene Gestalt.

Von den gemeinen Figuren ist dieß eine Hauptregel für den Zeichner, daß sie nicht den Stand des Feldes oder Schildes berühren dürfen; ferner, daß eine einzige Figur in der Mitte des Feldes ordentlicher Weise zu stehen kommt. In Ansehung der Tincturen ist dieß die Regel, daß Metall auf Farbe, oder Farbe auf Metall gesetzt wird. z. E. wenn das Feld von Silber ist, so soll die Figur in demselben nicht von Gold seyn, sondern roth, blau rc. Ausnahmen sind hievon selten. Die Beobachtung der richtigen Tincturen ist von Wichtigkeit, da öfters verschiedene Linien eines Hauses einerley Wappenbilder führen, und nur durch die Tincturen sich unterscheiden: auch ganz verschiedene Familien oft blos hiedurch sich von einander unterscheiden.

Zu den Nebenstücken der Wappen gehört der Helm. Dieser ist ein geschlossener, Stechhelm,

oder

oder ein offener Turnierhelm. Der letztere wird heut zu Tag für vornehmer gehalten, als der erstere. Ihre Tinctur ist willkührlich, gemeiniglich von Gold. Zwey Helme werden mit dem Visir gegen einander gekehrt, und der zum **vornehmsten** Wappen gehört, steht zur Rechten. Bey drey Helmen sieht der mittelste vorwärts.

Die Figuren auf dem Helm heißen **Helmkleinodien.** Zwischen welchem und dem Helm meistentheils eine goldene Krone, ein Wulst, ein Kissen ꝛc. sich befindet. Von den Wulsten hängen öfters Windelbinden herab.

Es ist keine allgemeine Regel, daß der äussere Theil der Helmdecken von Farbe, und der innere von Metall seyn soll. Ihre Tinctur richtet sich nach der Tinctur der Hauptfigur und des Feldes.

Bey manchen Wappen finden sich Kronen als Nebenstücke. Ihr wesentlicher Theil besteht in einen mit Edelsteinen belegten oder sonst ausgeziertem Reife, welcher bisweilen eine hervorgehende

hende Mütze umschließt. Sie sind nach dem Stand verschieden, so wie die Hüte und Mützen.

Manche Unterscheidungsstücke der Wappen befinden sich hinter, manche um den Schild.

Die Schildhalter, Wappenmäntel, Wappenzettel und Losungsworte oder Sinnsprüche rechnet man zu den Prachtstücken eines Wappens.

Wer hierüber mehrern Unterricht verlangt, wird denselben in Herrn Hofrath Gatterers Abriß der Heraldik (Göttingen 1773. 8.) und in den Erläuterungen der Heraldik, welche 1789 in der Schneiderischen Buchhandlung in Nürnberg erschienen sind, finden.

Tab. 1.

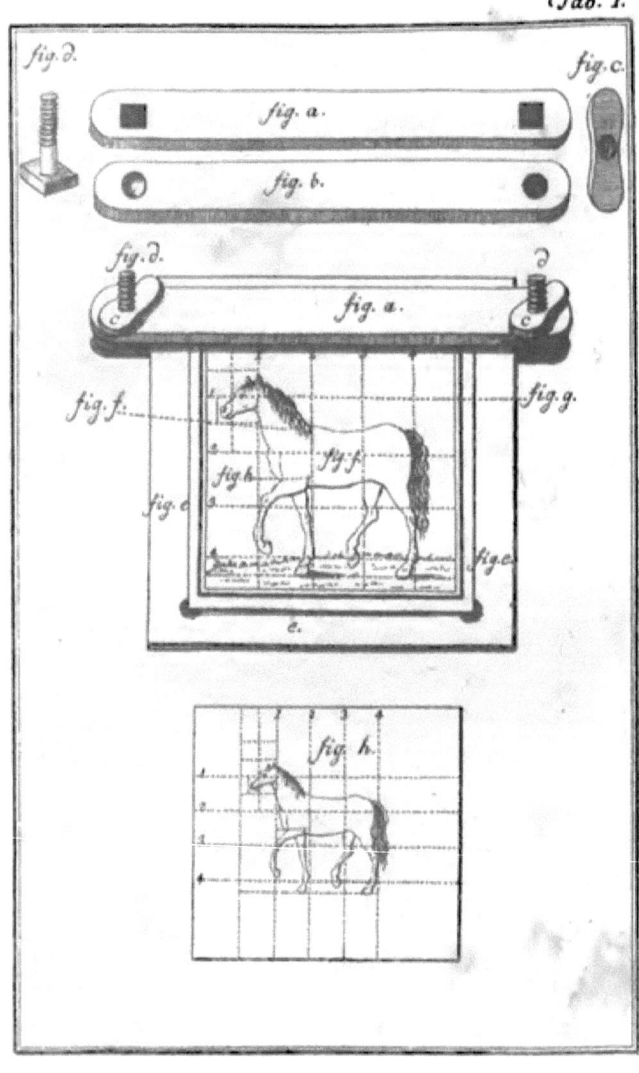

Tab. 2.

Die 24 Hauptfarben
Mischungen bestehend aus 2erlei Farben.

1.	2.	3.	4.	5.	6.	7.	8.
9.	10.	11.	12.	13.	14.	15.	16.
17.	18.	19.	20.	21.	22.	23.	24.
25.	26.	27.	28.	29.	30.	31.	32.
33.	34.	35.	36.	37.	38.	39.	40.
41.	42.	43.	44.	45.	46.	47.	48.

Tab. 3.

Mischungen mit 2erℓ: Farben.

49.	50.	51.	52.	53.	54.	55.	56.
57.	58.	59.	60.	61.	62.	63.	64.
65.	66.	67.	68.	69.	70.	71.	72.
73.	74.	75.	76.	77.	78.	79.	80.
81.	82.	83.	84.	85.	86.	87.	88.
89.	90.	91.	92.	93.	94.	95.	96.

Tab. 4.

Mischungen mit 2erl. Farben.

Tab. 5.

Mischungen mit 3erlei Farben.

Tab. 6.

Tab. 7.

Tincturen, Schildertheilungen, und Heroldsfiguren. Tab. 8.

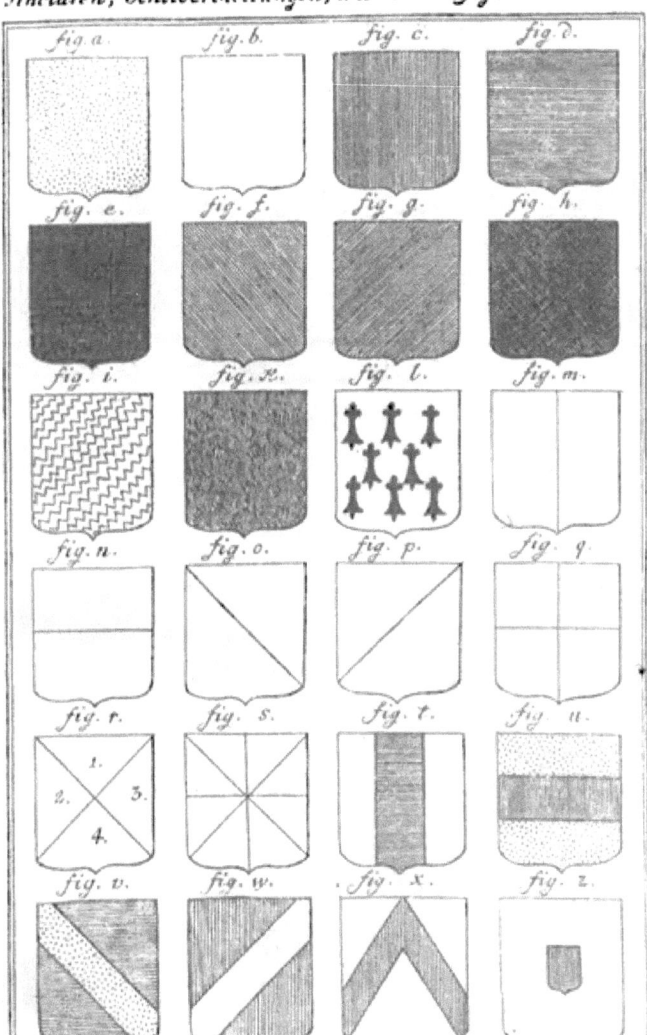